U0825202

中华中医昆仑

曹炳章学术评传

张镜源◎主编

中国盲文出版社

图书在版编目（CIP）数据

曹炳章学术评传（大字版）/ 张镜源主编. —北京：中国盲文出版社，2015.12
（中华中医昆仑）
ISBN 978-7-5002-6744-7

Ⅰ.①曹… Ⅱ.①张… Ⅲ.①曹炳章（1878～1956）—评传 Ⅳ.①K826.2

中国版本图书馆 CIP 数据核字（2015）第 294610 号

曹炳章学术评传

主　　编：张镜源
责任编辑：戴皓宁
出版发行：中国盲文出版社
社　　址：北京市西城区太平街甲 6 号
邮政编码：100050
印　　刷：北京华联印刷有限公司
经　　销：新华书店
开　　本：700×1000　1/16
字　　数：42 千字
印　　张：7
版　　次：2015 年 12 月第 1 版　2015 年 12 月第 1 次印刷
书　　号：ISBN 978-7-5002-6744-7/K·372
定　　价：12.00 元
销售服务热线：（010）83190297　83190289　83190292

版权所有　侵权必究　　**印装错误可随时退换**

丛书编委会

总 顾 问　顾秀莲　热　地　郑万通　王国强
胡振民　柳斌杰　万季飞　周和平
宋　海　何界生

顾　　问　于己百　王永炎　王孝涛　王宝恩
邓铁涛　石学敏　朱良春　刘志明
许润三　孙光荣　李寿山　李经纬
李辅仁　吴　伟　吴咸中　何　任
余瀛鳌　张　琪　张代钊　张伯礼
张学文　陈士奎　陈可冀　陆广莘
苗新凤　金世元　周仲瑛　周兴俊
周霭祥　赵冠英　费开扬　高思华
唐由之　程莘农　路志正　颜德馨

主　　任　张镜源　佘　靖　白庚胜

副 主 任　于文明　卫　中　王　炼　王国辰
王承德　王晓民　元哲颖　刘彦龙
李大宁　李功韬　李建军　李俊德

	李振吉	杨　钊	杨　勋	何伟诚
	苑　为	周建良	房书亭	赵克忠
	胡小林	姜在旸	修成娟	姚振华
	贺兴东	徐建中	梅　伟	崔晓浔
	蒋　健	谢秉臻		
编　委	王中华	王汉智	邓耀华	陈伟能
	周汉智	郑仁瑞	董栋华	
主　编	张镜源			
总编审	王　立	伊广谦	刘南燕	牟国胜
	李佐丰	吴石忠	汪兆骞	张年顺
	张瑞贤	陈金华	呼素华	孟庆云
	施宝华	梁星乔	傅　芳	靳　琦
	鲁兆麟			
编　审	尹龙元	红　柳	孙雁行	李　岩
	李　越	李占永	宋　倩	张　浩
	陈宏玢	黄　健	崔　宇	鲍国威
编务人员	王　悦	刘　伟	李淑荣	周逢春
	张　媛	赵祥龙	顾秀玲	常东晗

前　言

中医药是中华民族的伟大创造，是世界医学宝库中的夺目瑰宝，数千年来为中华民族的繁衍昌盛作出了巨大的不可磨灭的贡献，至今仍是中国医药卫生事业不可分割的重要组成部分，在维护民族体魄康健、促进经济社会发展中发挥着不可替代的作用。

中医药学，是中华传统文化和科技文明的结晶，是勤劳聪慧的中华儿女在几千年生产生活实践中，在与疾病作斗争的过程中，创造的独具特色的医学科学体系。它有着浓郁的民族特色、深厚的文化底蕴和丰富的哲学内涵。经过一代又一代中医药传人、一辈又一辈名医大家的实践探索、薪火传承、总结完善、创新发展，逐步形成了系统的理论体系、独特的诊疗方法、丰富的医学内容、实用的制药技术。具有疗效确切、用药安全、应诊灵活、普适简廉和预防保健作用显著的巨大优势，在世界医学之林独树一帜，为人类的文明进步与医疗保健事业，已经并正在作出积极的贡献。

为了弘扬中华民族传统文化，彰显中医药学家的丰功伟绩，当代中医药发展研究中心与中国文学艺术界联合会、国家中医药管理局新闻办公室、中华中医药学会、中国中医科学院、北京中医药大学、世界中医药学会联合会等精诚合作，在国家中医药管理局的支持和指导下，为中华近现代百年来贡献卓著、深受敬仰的150位中医药学家，编撰出版了这部大型传记丛书。丛书采用评传体裁，记载他们的生平事迹、医术专长、学术思想、传承教育、医风医德、养生之道和突出贡献，使这些宝贵的医学成就和精神财富发扬光大，千古流芳。

从书取名《中华中医昆仑》。昆仑山，被尊为“万山之祖”，柱西北而瞰东南，立中国而凭世界，凌驾乾坤，巍然屹立。以其高峻豪迈、绵延起伏的磅礴气势，寓意中华中医药学历史悠久、博大精深和永不衰竭；以其挺拔雄伟、高耸入云的恢弘气魄，彪炳一代中医药学家的丰功伟绩、杰出贡献和不朽勋业。

从书入选传主，从全国范围推荐遴选，遍及中医药界各个领域。有临床家、理论家、药学家、教育家、医史文献学家；有名师亲授、世医家教、学派传人、院校毕业和自学成才者；有师徒并驾、父子齐名和伉俪联袂者。他们学术造诣深厚、诊疗技术精湛、临床经验丰富、学科地位崇高、科研成果丰硕、医风医德高尚、国内外影响较大，从医学理论到临床实践，为中医药事业的传承和发展作出了突出贡献，是近现代百年来中华中医药界的杰出代表。

丛书的出版，对于弘扬中华文化，振兴中医药事业，造就中医药人才，普及中医药知识，具有重要的现实意义和深远的历史意义。这是一项开创性工作，填补了我国为著名中医药学家大规模撰写传记的空白；也是一项抢救性工作，因入选传主已仙逝过半，许多亲历、亲见、亲闻的史料日见散逸，将之收集整理、编撰成书，功垂后世、利国利民；更是一项承前启后的工作，总结传主经验，传承中医药伟业，继往开来，光耀世界医学之林。这部医文结合，富蕴历史性、学术性、文学性和实用性的鸿篇巨制，对医疗、卫生、科研、教育及全球关注中华中医药文化的各界人士，都有重要的参考和阅读价值。

丛书的编撰出版，是一项巨大的中医药文

化建设工程，在策划、撰写、编辑、出版过程中，自始至终得到了国家有关领导、政府部门及社会各界人士的关心和支持。国家中医药管理局高度重视，并组织专家对全书进行终审；数百名专家、学者亲临指导，参与规划；有关省、市、自治区卫生厅、局、中医局（处）给予大力帮助；传主及其亲属、弟子热情支持、密切配合；撰稿人深情满怀、辛勤笔耕；编审专家尽心竭力、精工细琢；关爱中医药事业的企业家热心公益、慷慨资助；全体工作人员不辞辛劳、无私奉献，这一切使丛书得以顺利出版。对此，我们深表谢意。

由于时间紧迫和资料搜集困难，加之水平有限，难免有疏误之处，敬请广大读者批评指正。

中华中医药学，历史悠久，源远流长，发端于远古，奔向于未来。百年对于历史，不过是短暂的瞬间；百人对于万众，不过是沧海一粟。然本丛书所记载的百年百人，则无疑是波澜壮阔的中医药发展史上辉煌的篇章和光芒闪烁的璀璨星辰。

张镜源

目录

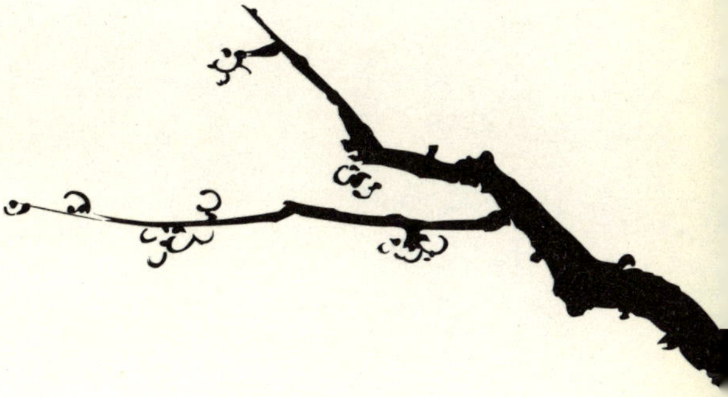

终生医药，生死书丛。

——曹炳章

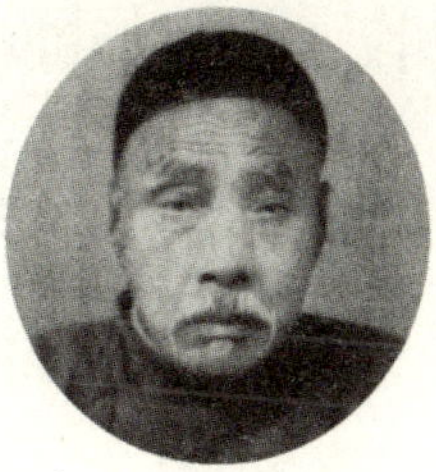

曹炳章（1878—1956），名赤电，浙江鄞县（今宁波市鄞州区）人。著名中医学家、临床家、藏书家。先后问业于名医方晓安、何廉臣，但主要靠自学成才。

与老一辈名医何廉臣等创立“绍郡医药学研究所”，创设“和济药局”。编辑中国近代最早的中医期刊之一《绍兴医药学报》，创办《药学卫生报》。治学严谨，造诣精深。精内、妇、儿科，尤擅喉症，是民国时期闻名全国的“绍派伤寒”的重要代表人物。在温热学说中独树一帜。医德尤佳，对贫病之人，常常免收号金，甚至出钱买药施送。

曹炳章在忙于诊务的同时，喜收藏、校勘中国医药学文献。收藏中国医药学典籍5000余种，是中国医药学文献著名收藏家之一。他勤于著述，利用藏书编写、校注、增补、重订中国医药学典籍达400多种，编辑大型中国医药学丛书《中国医学大成》、撰述《彩图辨舌指南》、增订《医医病书》、评校《陆氏三世医验》等，对中医古籍的保存、普及作出了贡献。中华人民共和国成立后，他将全部藏书献给华东军政委员会卫生部。

曹炳章生性耿直，有强烈民族自尊心。著《鸦片戒除法》，既授戒除鸦片方法，又以警世；与诸名医联合，研制成“雪耻灵丹”，以抵制日产“仁丹”。

1949年以前，曹炳章曾任《浙江中医月刊》总编辑，中央国医馆名誉理事，浙江省国医分馆董事，神州医药会绍兴分会主任委员，以及新加坡、泰国等国中医师公会名誉理事，并兼任国内外20余家中医期刊的名誉编辑和特约撰稿人等。1949年以后，曾任绍兴市政协委员。

奋发努力　自学成才

1878 年 7 月，浙江鄞县东乡曹显卿家喜添贵子，按族谱里的辈分取“赤”字，名赤电，字炳章。曹显卿为宁绍国药界先辈，1892 年，曹炳章随父旅绍谋生。

绍兴古称越，是春秋时代越国的都城，景色秀丽，物产丰富，素有“文物之邦、鱼米之乡”之称。从夏禹治水、越王复国，到兰亭雅集、沈园遗恨、青藤奇迹、三味书屋，无不蕴蓄着绍兴厚实的文化底蕴。博大精深的越文化孕育出王羲之、贺知章、陆游、徐渭、秋瑾、蔡元培、鲁迅、竺可桢、范文澜、马寅初等诸多名人。医学与文化相依连，历代载录的绍兴名医有裴宗元、陈师文、徐用诚、张景岳、赵晴初、高学山、章虚谷、俞根初等。他们不但精通医术，而且著书立说，自成医家流派，形成了中华中医药史上一座魅力独具的丰碑。

曹炳章 14 岁进太乙堂药店做学徒。那时候的药店是前店后坊：前面是店，卖药，后面是坊，制药。学徒劳务繁忙：干杂活儿，打扫卫生，伺候好师傅“三壶”——茶壶、酒壶、尿壶。曹炳章年龄虽小，却很有志向。他很勤快，做完分内各项杂事，稍有闲暇，即诵读医书，手不释卷。17 岁进存仁堂药店，次年进文裕药行。

曹炳章白天忙于撮药、结账，他总是在桌凳旁放上一二本医书，捣药、理药之余，偷偷瞥上几眼。药店柜台上有捣药的铜臼、捣杵。铜铸的臼，大肚、收颈、敞口。捣杵长而细，底下大，是球形。遇到块大或者坚硬、药力不容易熬出的药料，就放到铜臼里捣碎。他一手扶臼，一手拿杵，在臼内转着捣，杵把和臼口撞击发出的声音，清脆悦耳。若是更硬、更大的药料，则将原药拣净杂质，轻轻击碎，放铁船中研成细粉。他脚踏铁船研药时，也手捧《汤头歌诀》诵读。药店学徒还得学打算盘。柜台上的算盘比一般的算盘长、位数多，汤药得一味一味地先乘后加。从开始到算完，噼里啪啦、噼里啪啦，算盘珠子响个不停。每晚打烊后，伙计们都去茶馆、戏院嬉游玩乐，不少医药同行甚至染上酗酒赌博、寻花问柳的恶习，唯有曹炳章一人在灯下诵读医书。伙伴拉他一道去，他一律婉拒："各人有各人的爱好，读书是我的嗜好。"万籁俱寂，灯光如豆，曹炳章捧卷细读。夏天闷热，坐着不动也是一身汗，蚊虫四面来袭，苦不堪言。寒冬腊月，房间里的毛巾冻得硬邦邦的，手脚都生了冻疮。然而，无论寒暑，他读书不辍。闲时则到野外对药物实地考察，这为他辨药、识药积累了丰富的经验。

文裕药行股东、名医方晓安见此情景，问他为何如此用功，曹炳章腼腆地回答："既然身在药业，就得好好进修，弄通中药，才能更好地医病救人。"方晓安见其可造，就收他为徒，将自己的学识经验倾力传授，更赠以《黄帝内经》、《金匮要略》等中医古籍。曹炳章受到鼓励，愈加刻苦，晨夕工余，自学不辍。方晓安有时诊务较忙，就叫曹炳章侍诊写方，曹炳章由此得到实习机会。

在捣药声和算盘声中，曹炳章默诵着。夜晚清晨，他焚膏继晷，苦读着。侍诊时，他用心学习着。日复一日，年复一年，他像一只雏鸟，艰难地、逐渐地丰满着自己的羽翼。

中医既是一门自然科学，又是一门有关社会人文的学问，其内容博大精深，富含文、史、哲、天文、地理、四时、物候等人文知识。中医学术包蕴在中华民族厚重的文化范畴之中，故历代名医，不仅医学理论博深、临床经验丰富，更有渊博的知识，良好的传统文化功底和修养。《素问·著至教论篇》说："而道上知天文，下知地理，中知人事，可以长久，以教众庶，亦不疑殆。"明确地指出医道应该上通天文，下通地理，中通人事。这样的学术，才可以长久存在，教传后世。曹炳章深知"水之积也不厚，则其负大舟也无力"的道理，更知道知识的积累绝非朝夕之功，需要倾注毕生精力。他不喜泛泛社交，除应诊外，总是聚精会神地钻研医理，刻苦读书。

因家境清寒，曹炳章仅断断续续读过两年私塾，阅读普通古书对他来说已属不易：一则许多字不认识，再则古书没标点。这样的文化基础要阅读医古文更是不易，因为还得具备中医的基础理论，否则很难真正读懂。曹炳章相信"勤能补拙"，一本书他反复看，不认识的字就问，反复背，多读成诵，口诵心维。即便这样，一开始也是"一知半解九不懂"。他边读边思考，不懂的古奥文句，多读多想，贯串上下文，联系自己掌握的中药知识，联系侍诊写方时获取的知识，逐渐领会。“读书千遍，其义自见”，随着读的次数的增多，思考次数的增加，全篇也就逐渐弄通了。随着知识的积累，曹炳章由“诵而未能解”到“解而未能别”，再到“别而未能明”，又到“明而未能彰”，直至豁然开朗，明察洞悉。中年之后，不但“一览众山小”，且能为古籍勘误、补阙。

曹炳章年轻时读书注重博览强记，对《神农本草经》、《本草纲目》、《新修本草》、《本草从新》等本草专著无不精读，《内经》、《难经》、《伤寒论》、《金匮要略》诸经典更是读得滚瓜烂熟。他广阅博览，多在夜晚和清晨进行。即使中年以后，遇诊务稍闲，他仍手不释卷。晚年仍能朗朗背诵诸经典，其精读之苦功，可以想见。他说，掌握了经典，犹如成竹在胸，而后去探索金元及明清诸家，则易如反掌。如果说一般读书人是十年寒窗，曹炳章可谓寒窗一生。

在研读中，一有所得，曹炳章马上记入笔记或录成卡片。即便在就餐或卧床就寝时，偶有所悟必认真摘记。他告诫学生们，别小看这只言片语，一旦用时方知字字值千金。“不积跬步，无以至千里；不积小流，无以成江海。”对平时摘录的笔记、卡片，无论文字多寡，曹炳章均分类收藏，毕生持之以恒。及至暮年，虽几经战乱，所藏卡片仍不下数万则。

1901年，23岁的曹炳章羽翼渐丰，他在春成堂药店服务，并附设诊所，开始独立行医。同年夏天，绍兴中医药界在致大中药店创办施医局，邀请曹炳章主持。他诚挚服务，精心治病，常有着手成春之妙，以至每日上午的门诊病人达百余人之多，声誉四播。

曹炳章因忙于诊务及著述，极少外出，但在学术上与各地的交流却十分频繁。他与章太炎、恽铁樵、傅嬾园、章次公、周小农、徐相任和秦伯未等相交莫逆；与陈存仁、魏长春、范行准和浙江叶熙春、山东刘惠民等书信往来甚密。对诸家学说，他主张逐一研究，反对囫囵吞枣和不求甚解，也不停留于泛泛的传统理解，强调细研详究，并在全面领会的基础上推出新意。

曹炳章正是凭“勤、苦”二字，才由一名小小的药店学徒，逐渐成长为一代中医大家。

结社办刊　振兴中医

清末民初，西学东渐，猛烈地冲击着中国传统文化。古老的中医药学面临严重的生存危机，当局亦不断打压中医。在内外受压的环境中，以何廉臣（1861—1929）、裘吉生（1873—1947）、曹炳章为代表的越医以复兴中医为己任，高举中西医汇通大旗，引领越医与时俱进。他们结社办刊，著书立说，中西汇讲，创立药局，义诊施药，倡办医校，为振兴中医事业摇旗呐喊，开创了越医历史上最为繁荣、最为活跃的局面。此时的绍兴已成为全国中医药学术活动的中心，影响遍及朝鲜、日本及东南亚各国。曹炳章与何廉臣、裘吉生并称为“绍兴医林三杰”。此外，还有创办浙江中医专门学校的医学教育家傅嬾园，有“小神仙”之誉的绍派伤寒中坚人物邵兰荪，有曾任新中国医学院附属医院院长及新中国医学研究院院长的祝味菊，有苏州国医学校校长王慎轩等，越医成了沧海横流中的中流砥柱。

1908年，何廉臣与绍兴医界同仁组建了“绍郡医药学研究所”（次年改名“绍兴医药会”），其宗旨为：“专门研究中西及日本医药科学，以交换知识，输入新理，为阐发吾国固有之医药学。”这是我国近代最早的中医学术团体之一。该会每两个月由会长何廉臣出题考试一次，详阅会员试卷后，再请府学教授（相当于现在的市教育局局长）翁焘评定名次，以激发会员潜心研究学术，提高中医理论水平。每月举行两次医药讨论会，由会长提出一病，会员各抒己见，互相探讨，研究病理和治疗方法。邀请基督教医院的外籍西医举行“朔望汇讲”，这是我国最早期的中西医沙龙之一，对推进中西医汇通起到了积极作用。同时，出版《绍兴医学课艺》两册。性格内向、不善社交的曹炳章后来参加了绍兴医药会。他平素沉默寡言，唯对医事活动甚是活跃，每次开会都勇于发言，且理论联系实际。

在“绍郡医药学研究所”成立的同时，出版了《绍兴医药学报》。办刊宗旨为：“于国医学之足以保存者则表彰之，于西医学之足以汇通者则进取之，于中西医学之各有短长处则比勘而厘定之，共襄绵力，力谋进步。”何廉臣、裘吉生先后担任主编，曹炳章等任编辑。该刊每逢朔望出版，刊登医药论文，以及向民众宣传医药卫生知识的通俗文章。

《绍兴医药学报》是我国最早的中医期刊之一。医界办报，始于光绪年间，周雪樵发起于上海。以后其他城市亦时有医报出现，然而内容都侧重西医，宣传中医发扬国粹者，寥若晨星。卢育和 1919 年 6 月在《推广医报之感言》

中称："惟绍兴诸名宿所办之医药学报，其宗旨主张，挽既倒之狂澜，系千钧于一发。发明旧学，阐扬国光，汇稿月刊，以飨同志，且诸家之鸿篇巨制，满纸琳琅，使读者不啻聚良友于一堂。虽天涯咫尺，嘉言良法，可佩可师。"

《绍兴医药学报》主要有社论、问答、杂著、纪事几部分，有时还增刊古籍选刊、历代名医传略、学说等专题。每期约25页，2万字左右，文章大多短小精悍。

《绍兴医药学报》积极联络当时海内硕彦名流、医界耆英，约请他们撰写稿件，如张锡纯、周小农、张山雷、时逸人、张树筠、恽铁樵等，都积极为之写稿。名医撰稿对《绍兴医药学报》阐发中医药精奥微义，提高质量，扩大影响，起到了重要作用。

曹炳章将"绍兴医药会"举行讨论会的情况刊入《绍兴医药学报》，广为传播；并撰写了《辨舌新编》、《膏丸说明》等医药论文在《绍兴医药学报》上发表。当时医界同仁，无不以先睹为快。

1924年，《绍兴医药学报》改名为《绍兴医药月报》。1927年，医药月报社组织了“流通医药书籍有限公司”，出版罕见孤本及各名家未刊之精稿70余种，扩大了绍兴医家在全国学术界的影响。上海、苏州、潮州、天津、奉天（沈阳）、汉口、杭州、湖州、宁波等地都曾设立《绍兴医药月报》特约经理处，月报并行销南洋各岛及日本。曹炳章在《本报继续出版周年纪念辞》中说：“回忆自去年出版至今未及一年，而本外埠之销数已达千份以上，全中国二十二行省，已无处无本报踪迹，且檀香山、槟榔屿、台湾各岛华侨同胞，汇银订购者，亦纷纷不绝。”《绍兴医药月报》发行遍及海内外，成为外界了解绍兴、绍兴了解外界的重要窗口，在当时的中医界产生了广泛持久的影响。

《绍兴医药月报》共出版80余期，为捍卫、挽救中医药事业，发掘祖国宝贵遗产，扫除恶习，尊重医德，普及医学教育，宣传中医药的科学性，交流学术思想，开展百家争鸣，提高中医药理论水平，尽到了加意开垦、辛勤耕耘之力。其中，曹炳章功不可没。裘吉生在《绍兴医药月报》第七卷《曹炳章小传》中称赞他“不愧当代医药界之有心人”。

1915 年，神州医药会绍兴分会成立，曹炳章参加每月的常会及评审会议。1927 年，分会与绍兴的西医发起组织成立了“绍兴中西医学会”，以“联络感情，团结团体，发展医药学术，指导民众卫生”为宗旨。1931 年 9 月，绍兴县国医公会成立，以“改进医学，交换知识，讲求卫生，保障人民生命”为宗旨，曹炳章任主席兼总务主任。其间，曹炳章提出“统一病名”及印编“中医处方新衡旧称对照表”等建议，受到医药界的好评。

考证药品　改革成药

曹炳章精医娴药，他认为，医与药唇齿相依。对中草药的研究和临床应用，是他研究和发展中医药事业的重要组成部分。中医看病治病，诊断与处方用药是两个关键环节，缺一不可。一般医家大多重诊断而略药物，曹炳章却独树一帜。曹炳章是药店学徒出身，对药物的感性认识是一般医家无法比拟的。后主持绍兴春城、致大两家药店业务兼行医，对医和药的认识不断深化，从感性上升到理性，对药品的考证、炮制、真伪辨识更为精通。他提出辨正伪药、厘定品种的六个方面：一是乱真之假托，二是仿造之伪品，三是不精之炮制，四是不良之贮藏，五是埋没之良材，六是删除之次货。

他亲自实验，并加以整理，以达到去伪存真的要求。

曹炳章1913年主持和济药局后，以此为基地，考证传讹药品，改革不良炮制，订正丸散方书，鉴别真伪，监制新药。如对山药、延胡索、郁金三种药的炮制，针对当时虚图形式不求质量的弊病，经共同商议，曹炳章撰稿改三药浸湿受潮切片法为原粒（支）打碎用，既提高了药效，又省工减耗，实为医、药、病三家共利。

曹炳章极其重视对药物品种的辨析，以确保临床疗效。如仙鹤草一药，《滇南本草》、《救荒本草》、《植物名实图考》、《百草镜》、《中西医话》都有形态描述和有关资料的记载，然而其说不一，令人莫衷一是。曹炳章不仅通过文献考证，而且亲自种植观察，从而详细描述其形态，同时临证试用，肯定其作用，最后得出结论："龙芽草当分两种：金顶龙芽即仙鹤草，紫顶龙芽即马鞭草；石打穿即石见穿，别有一物。”厘清诸家本草混淆不清的品种，功莫大焉。

他还从调查中发现，有些中药品种混淆，便疾呼纠正：“苏州药肆，误以白前为白薇，白薇为白前，相沿久矣。近调查杭、甬药肆，相沿亦与江苏同。近据郑君说，福建亦沿此谬习，惟吾绍欣幸早经考定改正。吾望闽、苏、甬各药界亦当速为改正，免误病家。”

关于药品的鉴别、炮制的改良，如胆南星与半夏从形态上分，胆南星无论大小皆极扁，不若半夏之圆。浙江所出之土藿香，能乘热切片，烈日晒干，贮于缸甏，使香气收贮不走，药效亦甚强，不亚于广藿香。蒲黄乃蒲草之花蕊，色淡黄，是花茸花蕊相合，名草蒲黄，为佳品。另有一种蒲黄面，色老黄，屑细滑如粉，入罐煎之如糊胶一般，服之令人作呕，且不能下咽。吾绍曾用而受害，后仍用草蒲黄。厚附片，乃四川鲜附子切片，不经盐渍洗泡，效力比泡淡附子胜数倍。凡用淡附片二钱者，厚附片只需用一钱，因其力猛也。羚羊角有黑白两种，黑者清肝肾热，白者清肺热息风……凡此种种，不胜枚举，不论在当时或现在，都有一定的积极意义。

有的药物虽非伪品，但由于产地、采收季节等因素的影响，造成品质优劣不一，因此临床效果也大有差别。如肉桂，品种多而杂，优劣悬殊。曹炳章提出了一套完整的辨别方法。一是观察皮色及刀口，认为："总不外结实滑润净洁六字为要……皮纹直实，肉如织锦，纹细而明者，为上品。然野生者间有横纹，其形状必苍老坚结，横直交错，斑点丛生，皮色光润，纹细而滑，亦为野生佳品；若横纹多而色红，皮粗纹粗，如荆棘滞手，皆为下品。"刀口亦有多种区别，总以刀口整齐、皮肉不起泡点者为上品，反之即为下品。二是通过闻气尝味。"要以馨而纯，如花之清香不杂，方为上品。若似花椒、丁香气而燥，如山柰、皂角气而辣，皆下品也。”其味“不得以油之厚薄为定见，水之绿红为贵贱，须要别其水之清浊、味之醇燥辛辣，斯可分辨的确耳”。

此外，曹炳章对药物炮制、贮存也多有创见。如将羚羊角由浸镑法改为燥镑法：羚角质地坚硬，刀切不入，一般制饮片法以镑片入药。方法是先将羚角水浸七八日，再用沸水泡透，使之化坚为软，镑之，片张阔大，形式雅观。然而经水浸泡，汁液尽出，性味功效已大半消失。于是改为不落水燥镑，使羚角性味药效不失，真伪仍可鉴别，只是燥镑片张比较碎小，但主治药效则比浸镑优胜多倍。从保全药物功效角度来看，燥镑远较浸镑为优。延胡索、郁金、山药等药应生打，不能浸泡切片，否则药汁流失，使药效减低。鲜生地的贮存，以一层药物夹一层沙，可以减少腐烂等等。

至于改革成药、确定主治，曹炳章更有其除旧创新的一面。他认为：“药物不改良，医学无从进步。欲求改良之道，必须从医药共同研究始。行医者只凭性味处方，不明药品之真伪；卖药者只知形式雅观，不究炮制之精当。至于产处之地道与否？丸散膏丹之遵古与否？医师既不调查，药师亦不报告，两不相侔，分道扬镳，岂有进步哉？”他主张“医与药必须共同一气，将一切沿习积弊，设法改革”。

多年浸润于药肆，曹炳章深悉丸散膏丹的药物组成和制剂方法。何者应遵古，何者应革新，何者有殊功，何者须禁忌，通过多年的观察、实践，他成竹在胸。当时曹炳章亲自配方选药、按法监制的常见药物有：霍乱定中酒、回阳急救丹、飞龙夺命丹、沉香百消曲、痢疾万应散、立效止痛丸等。按需要而特制的成药有：厥证反魂丹（何廉臣经验方）、开闭炼雄丹（薛生白、王孟英盛称其功效）、叶氏神犀丹、清气化痰丸、痰郁润下丸等，医药合一，制剂精审，提高了原有功效。其中推陈出新、矫正积弊而有所澄清的最好例子，如列举“戈制半夏丸”的性能与主治。曹炳章指出：苏州戈制半夏丸，其方虽秘制，大约与《本草纲目拾遗》中的宋公夏相类似，内有肉桂，性温质燥。经临床实验，治寒湿痰壅气喘确实有效；如用于阴虚热痰胶结，或咳或喘，如果误服，必因燥热而咳血自汗，为害甚烈。将“戈制半夏丸”的性能与主治这么清楚地列举出来，使医者可以对症选用，病家可以按症买药，不致震于“戈制半夏丸”的积年盛名，不分寒热盲目乱服。弄清成药的性能主治，医家病家，两相受益。这一点，非术业有专攻者是无法做到的。

曹炳章在校订、纂辑传统中医药典籍之余，结合自己的心得经验，撰写考证珍贵而有特殊效能药物的著作有 20 余种，对辨别药品真伪、保证药品质量作出了贡献。如《中华药物源流考》、《人参考》、《麝香考》、《冬虫夏草种类及效用》、《象贝栽培效用及修治改良》、《增订伪药条辨》等，都属于药物考证、辨伪、厘定方面的专著，议论既深且广。在《曹氏医药论文集》里，论药的文章占半数以上。如《人参通考》达20余万字，是迄今为止最为详尽的一部人参考证录。他的药物考（谱）多数是未刊稿，手写稿加注、加批、加附条，致力辛勤。叙述分品种的鉴别、栽培、采制、加工、主治功效及用法，考证资料的引用特别丰富。上海世界书局编印《中国药学大辞典》时，部分资料即取材于曹炳章论药之书，目前我们仍可在该辞典中见到他的片段文字。

尤为可贵的是，曹炳章撰写了大量有关药物的科普文章，在群众中普及医药知识。除为《绍兴医药月报》著文外，曹炳章在上海的《中国药报》撰写了多篇《药学问答》。他还给《新中国医学院校刊》、《医药卫生报》、《越铎日报》、

《如皋医学报汇刊》、《三三医报》等全国20余家医药刊物撰稿，颇受编者和读者的褒誉。其得意门生徐荣斋教授认为：曹氏学术思想，当以论药及药物考证为首位。

节衣缩食　书富家贫

浙江是文物之邦，历来有藏书之风。到了宋代，杭州成为全国的刻书中心，为浙江藏书的发展提供了优越的物质条件。宁绍地区人文渊薮，学术昌明，特别是明清两朝，藏书蔚然成风，藏书楼星罗棋布，遍及城乡，我国现存年代最早的私家藏书楼“天一阁”即诞生于此。

1903 年，赋闲的兵部郎中徐树兰罄其所有，在家乡绍兴创办了中国第一所公共图书馆——古越藏书楼，为那些“购书既苦于无资，入学又格于定例”的好学之士提供读书学习的场所，以达到“兴贤育才”的目的。该楼藏书 7 万余卷，1904 年正式向读者开放，曹炳章早年从中受益匪浅。

在这样浓郁的藏书、读书的氛围中，绍医也素有著书藏书的传统。曹炳章更是个中翘楚，他与裘吉生、陈存仁被并称为“江南三大中医藏书家”。

曹炳章对中国医药学文献的收藏，始于拜师学徒时。方晓安见他勤勉好学，便赠他不少中医古籍。曹炳章喜欢读书，身无长物时只能借书读，一旦有了收入，便开始聚书藏书，其藏书室名为“集古阁”。

曹炳章平日生活节俭，穿的是粗布长衫，吃的是青菜咸鱼干。诚如他在自传中所说：“节衣缩食，尽购医书。”他不购家具，不置财产，积蓄之钱即用于搜寻医学书刊，每见市肆出售药书，无不倾囊购之，还经常到旧书摊上收买廉价旧书。他说：“书旧字不旧，价值依然。”有时运气好，碰巧买到稀有珍本，他更是喜形于色，乐不可支。他千方百计地买书藏书，一时难以购得的珍本、善本、孤本、秘本，便想方设法借来抄录，夜以继日，不辞辛苦。然后汇订成册，列入书架。有时还自己动手装订，以致医案边缘全是密密麻麻的钻孔。他对所有藏书爱若拱璧，若有破损，定然小心翼翼地修补。

中年以后，曹炳章儿女绕膝，家教甚严。他勉励儿女勤奋读书学习，并教育孩子爱护书籍。一次他年方十几岁的爱子，阅读时不小心弄损了几页书，孰料秉性慈祥的父亲一反常态，大加责斥，这给孩子们留下了极为深刻的印象。

每当曹炳章读书聚精会神、怡然自得时，常用留有指甲的手指，轻轻地在桌面上弹几下，并时常口中低声哼上几句。逢年过节家人劝他休息，可他一旦掩卷停笔，就会坐立不安。曹炳章在清贫中享受着自己藏书、读书的乐趣。

1912 年，曹炳章已藏有千余种医籍，存放在绍兴致大药店。3 月，他回宁波老家料理父亲的丧事，孰料致大药店突遭火灾，全部书籍遭焚。学术著作除《鸦片戒除法》已出版而幸免于难外，其余均付之一炬，包括他多年来批注的历代名医著作，以及他撰写的《药物炮制实验》、《奇病治法》、《生殖奇谈》、《预察婴儿寿夭》等手稿。

“十余年心血尽化灰烬，呜呼痛矣……”突遭如此之灾，曹炳章痛彻心腑！十几个寒暑，他节衣缩食，含辛茹苦，一本书一本书地搜集，个中甘苦、冷暖自知。这一本本书就是他的一个个朋友，对他提高医术、著书立说起到了至关重要的作用；而一部部手稿则如同自己的一个个孩子，十月怀胎，历经磨难，他熟悉它们，爱护它们。如今却惨遭焚毁，荡然无存……他深深地自责，怎么就没能保护好它们呢？遭此重创，元气大伤，一般人很难东山再起，而曹炳章却更坚定了志向。他收藏中国医药学文献，有明确的方向，坚定的意志，百折不挠的毅力。他毫不气馁，从零开始，重新四处寻购医书，再历艰难。在宁波、绍兴地区他共搜得3500余种医书，之后又去北平、南京、苏州、上海、日本等地寻购。游屐所至，遍布通衢委巷，不惜重价，但求一得为快。穷年搜讨，数十年如一日。

1934年，为整理自己的藏书，曹炳章编制了《集古阁藏书简目》10卷，将藏书分为医经、体脏、摄生、诊断等23类，列入新旧医书4185种；博物类（如动植矿物、物理、化学、农学、各省县物产志等）以及关于药物考证用书655种。其他出借、新购未列入者，尚有百余种。曹炳章汇集自汉唐迄明清一百几十家医学名著以及日本汉医家的著述，时人评其“藏书满家，海内推为第一”，堪称一代著名医书收藏家。

历来藏书之厄主要为战争、火灾、水溃、虫蠹及不肖子孙盗卖等，其中战争尤非人力所能左右。1935年，为出版《中国医学大成》，曹炳章交给上海大东书局2000多卷书。1937年，抗日战争全面爆发，国土沦丧，“覆巢之下焉有完卵”，那精选的2000多册书在战乱中大部散佚。抗日战争初期，日军飞机经常对绍兴狂轰滥炸，当时又传说要“焦土抗战”，曹炳章的《人身体用通考》等书业已完稿，他担心藏书及自著稿本遭日机炸毁，便叫人在院子里挖了一个比八仙桌大一点儿的“防空洞”，把主要稿本装入铁桶放入洞内，对于自己的其他家产则无暇顾及。不久，局势日紧，曹炳章便雇农船数只，将存书连夜转移到偏僻的乡村存放。抗战胜利后，与自己的藏书、手稿重逢，曹炳章喜不自禁。由于受潮、虫蠹和被盗，藏书损失了一些。一些收旧货的竟然拿了盖有曹炳章藏书印的医药书来曹家兜售，对此，曹炳章如获至宝，出钱买下，并不追究。曹炳章用情于书，几成痴迷。夫人见他用脑过度，身体衰弱，多次劝他不要再买旧书了，省下来的钱买些补品或美味佳肴，曹炳章却依然我行我素。

就这样，曹炳章历经劫难，访书不断，藏书不辍，不断充实着自己的收藏。及至晚年，曹炳章收藏的医书已突破万册。他把薪资和稿费都用来买书，而生活甚是清苦，故亲友们称他“书富家贫”。对此，曹炳章颇引以为自豪。

除经史、说部、名人笔记、游记、各省县志外，曹炳章收藏的几乎都是中医药文献。这些文献对他而言可谓意义重大：一则保存中华传统医学文献；二则汲取中华传统医学的精华，精进医术，治病救人；三则通过对藏书的校勘、辨伪、辑集出版等方式，把所藏经典医籍流布于世；四则结合自己的行医心得，利用藏书著书立说，普及医学知识。对于存世的医药书籍，曹炳章力求尽可能多地收藏，因此对上自秦汉、下迄民国的历代著名医药学家著述多有收藏。其藏书不但册数多，而且门类齐全，遍及医经、药物、诊断、方剂、通治、外感病、内科、外科、妇科、儿科、针灸、医案及外集杂著等中医学多个方面。

曹炳章的藏书不但数量多，而且质量高。其中有明清精刻本、孤本、珍本、钞本、日本旧刻本及自著待刻各书480种。其中明刻本有40余种，清刻本290余种。如清代项元麟著《本草明辨》，刊于嘉庆乙亥年（1815年），为海内孤本。此书算不上是宏著巨制，但在本草学古籍中却十分罕见。该书首载诸药制法，俱是经验之谈。所谓“明辨”，它既不辨药性主治，也不辨四气五味，而是辨别中药材与饮片的品等、质量、产地、真伪等等。项元麟在开设药店的3年中，对药物产地品种、修制加工、质量优劣、真伪鉴定、做伪方法以至购销情况等，进行了全面的研究考察。事事亲裁，穷其本末，探其源流。这部《本草明辨》便是他考察研究、实践体验的纲要性总结。全书篇幅不大，文简意赅，要言不烦，为一部纪实的中药文献。如厚朴,《本草明辨》说:“厚朴,湖广、四川地道,温州、关东次不可用。”并说在关东,天女木兰曾作为厚朴销售输出,从而证明在嘉庆年间,辽宁还生长着足够作为补充厚朴输出的天女木兰。可惜不到200年,到曹炳章时代,在辽南仅有木兰科木兰属一种天女木兰,已濒临绝迹。这是一则很有参考价值的生态史料。书中记录的一些中药商品传统鉴定术语,大部分仍在现代老药工和教学中沿用,如凤头鹤颈、狮子头、金井玉栏杆、猪鬃张纹、水波花纹、朱砂斑、菊花心、水旋斑、竹节纹等等,都是中药材商品学的重要资料。

尤为珍贵的是,曹炳章每收藏一种珍本、善本,都如获至宝,对其仔细研读。因此,在这些珍贵书籍中,往往有许多曹炳章对所藏图书内容优劣得失的评价,以及在他行医实践中心得体会的批注,对中医药工作者具有重要的参考价值。

1934年曹炳章编辑《集古阁藏书简目》时，他的藏书已达5000余种，而当时我国中医文献"存书尚达万余种"。以一己之力，积40余年之功，广收博采，收藏几乎占了当时存世的中医学文献种数的一半，这不能不说是中医文献收藏史上的一个奇迹。清高宗弘历皇帝1774年提出"其人而收藏百种以上者可称为藏书家"，后人虽认为此标准失之过宽，但曹炳章的藏书量是该标准的50倍，称为"藏书家"当之无愧。以藏书主人的旨趣和成就特征，将其分为著述家、校勘家、收藏家、赏鉴家、掠贩家5类，是藏书界的不刊之论。由此，曹炳章可称为著述家、校勘家、收藏家，他对中医文献的保存、传播、完善作出了重要贡献。

中国历来推崇"学而优则仕"，藏书家们重视经部、集部类典籍的收藏，像医籍这样的子部类书籍只占收藏的一小部分，其数量远无法与曹炳章所藏同日而语。

值得一提的是，民国时期，正是西学东渐，中医屡遭打压的非常之时。当局采取了“不准中医开业，不准中医带徒办学，不准报刊登载有中医理论的文字，不准种植中药”的“四不准”政策，排挤、打击乃至扼杀中医。反对中国传统医学的逆流一浪接着一浪，至1929年的《废止旧医以扫除医事卫生之障碍案》达到高峰。曹炳章正是在这种形势下，四处搜集中医典籍、编辑大型医药丛书、撰写中国医药学专著，为保存国粹，积极收集、整理中医药文献，为发掘祖国医药宝贵的遗产而努力不懈，“其保存民族文化精粹之苦心孤诣令人可敬，其卓识远见，又何其可钦也”！

曹炳章在藏书过程中，屡遭天灾人祸，面对藏书的毁灭或散佚，仍坚忍不拔、矢志不移，其百折不挠的意志正是对千百年来中国私人藏书家藏书精神的最佳诠释。

呕心沥血　医学大成

“积书而读，丹铅治学”是私家藏书的优良传统。利用藏书精进医术的同时，曹炳章还利用藏书校订著述，笔耕不辍，其中成绩最为卓著的是主编《中国医学大成》。

1934年，上海大东书局欲出版一部中国医学大型丛书，整理浩瀚的医药文献，普及推广中医学术理论，发扬祖国传统文化。出版计划既定，大东书局立即着手物色主编。担任这样一部宏大丛书的主编，医学知识既要博，又要精。大东书局久闻“四明曹炳章先生从事医药著述垂30年，新旧医籍无所不览，尝出其新知，撰文于医学专刊，时人惊为通中国医学之出群才也”，因此“整理之责，非先生莫属”。

于是大东书局经理沈骏声、主任骆无涯礼聘曹炳章担任该丛书主编。二三月间，曹炳章应邀赴上海会谈。目睹“废止中医”怪论甚嚣尘上，深知中医事业正当危急存亡之秋，曹炳章毅然以复兴中医为己任，当仁不让，慨允弗辞，签订了“编辑中国医学集成合同”。曹炳章当此重任，受到中医界人士的欢迎。如中央国医馆馆长焦易堂、理事兼编审委员黄竹斋、编审委员周柳亨、第一届常务理事谢观以及陈存仁、张赞臣、张树筠、时逸人、宋大仁、叶橘泉、俞慎初等 29 人，或作序，或题词，或作跋，赞美之词，溢于言表。众人称赞曹炳章乃“博雅君子”、“吾道之干城”、“立言立德立功，古称三不配，曹君善而有之”。河南宋翼在“序言”中则说：“曹氏固具有儒家史乘之笔，而又秉医家宗师之学者也。”

回到绍兴，曹炳章立即着手工作。他在“总序”中为这套丛书定下编辑宗旨：“为便利国医同志，共求研求起见，谨就中国医药书籍中，精选切合实用者”，即“精”与“便”。

“精”，就是“精当”，是鉴于时代背景所确定的。西学渐进，国医面临冲击，中医书籍出版却不尽如人意。出版系统、精当的中医书籍，彰显祖国医药之瑰宝，已刻不容缓。曹炳章在该书“总序”中说：“医家处此环境中，安可宗一家一派之法，以尽治万变之病乎？必博览群书，温故知新，然后能发人所未发，收起死回生之效。”“环顾市上中国医药书籍，精刊旧本，非低价易致。普通版本，舛误殊多，且缺文删改，以讹传讹，又非慎重民命之道。”为此必须做到“每书精刊初印足本，其他亦多为明刻精本”。故“所选各书，皆中医要籍，大都内容精粹，切合实用，版本亦从精选”。曹炳章从自己所藏5000余种医籍中，本着他几十年悉心研究和校注的经验，精选上自先秦、下迄近代理论、方药、临床咸备的中医药书籍、日本汉医家的著述以及自己的著述，予以校勘、重订。大东书局在该书出版“缘起”中说：“由曹先生出其所藏珍本，以及海内孤本、钞本，从事整理，约集名医，共同比较圈注，补阙正谬，费时甚久，今就群书万种，加以厘定，精选为三百六十五种。”曹炳章自序：“每书必选精刊初印足本，其他亦为明刻精本、家藏孤本，悉行重加圈点，或添列名家评批，或由炳章自评。其原文讹者正之，缺者补之。”曹炳章不仅要求内容“精”，而且形式也“精”。各书统一为相同版式，用仿宋体铅字排印，“精美无与伦比”。

“便”，就是“便利”。我国最早的古书没有标点，20世纪初才开始普及使用标点符号。因此古文功底差的人阅读古籍，第一个拦路虎就是断句困难，阅读吃力。而且同一句话，在不同的地方断开，就可理解为不同的意思，这样就容易对作者的原意产生误解。曹炳章首先对所收文献加以句读，为读者扫清障碍；然后在每一种文献的开头写出作者简介、著作校勘历史演变情况及内容提要；对文献则细加校勘，凡有名家评注的，择要列入，以备考证研究。众所周知，要对中医经典古籍作比较完整而准确地理解和掌握，除了将原著学习通达以外，对各种释本也应有一定了解。多数古籍注本可谓帮助读者打开这部古籍宝库的钥匙。从注解和序文中可以了解该书的基本思想、主要内容、写作经过、版本以及重印时做过何种修订补充等等。这种注释，仿佛在作者和读者之间架起了一座桥梁，通过它，读者可以领会原著的精神实质。曹炳章积自己数十年的功力，在浩瀚的古籍中为后学架起一座座这样的桥梁。

对于书的价格，他也为读者着想，分为平装、精装两种出版。“原书价值除内有孤本、钞本者，万金亦不易求得者外，其余各书售购善本至少在四五千金以上，今整理印行，以原价1/20发售，至预约则1/50而已。”如此便利读者，目的也是为普及医籍，弘扬祖国医药事业。

该丛书内容之宏富，前所未有，被誉为中医药文献史上“前所未有之巨著”、“医学之渊府”。1935 年，大东书局在《申报》刊登《中国医学大成》整版广告，预约发售，平装价每部 120 元，精装每部 200 元，附有全书 1000 册的书柜照片，煌煌巨著，震撼了海内外中医界。

经过 3 年殚精竭虑、呕心沥血的工作，1936 年，全书的选辑工作基本完成，共选得 365 种，分为 13 类：一是医经类 15 种，二是药物类 19 种，三是诊断类 16 种，四是方剂类 19 种，五是通治类 60 种，六是外感病类 43 种，七是内科类 27 种，八是外科类 52 种，九是妇科类 24 种，十是儿科类 33 种，十一是针灸类 16 种，十二是医案类 16 种，十三是外集（包括医论、医话、医史）25 种。这部宏伟丛书中，有曹炳章自撰著作2种，在前人原著基础上续编和辑录的8种，增评的7种，圈点的18种，校订的36种，其手泽及于全书1/5多。根据丛书中各书的校刊略历及内容提要汇集而成的《中国医学大成总目提要》，也是一部有极高参考价值的中医药学文献研究工具书。

《中国医学大成》出版后，立即受到医药界一致好评。谢观说："吾道精华，咸萃于是……既发扬于已往，自秘光大于将来。改革之初途，更获收成于日后。"时逸人评价："此书之丰富，比《四库全书》医家类增三倍之多，较《古今图书集成·医部全录》，无割裂不全之弊，与二书相抗衡，而精当过之……诚医书渊薮之善本也。"叶橘泉称其"集医学之大成"，可谓一语中的。四川周禹锡概括该书八大价值：一是保存国粹，二是有系统可循，三是打破私秘通病，四是私开禁方，五是统一国医学术，六是奠定习医之参考书，七是造就国医高深人才，八是便利图书馆之采贮。厦门吴锡璜说："是书一出，三善毕具：言其浅可使学医者得门径可循，一善也；言其深可使医学家精参博考，循环溯源，以达于由博返约之地位，二善也；至所立各科，无门不备，无义不臻，在为医者固免抉择之苦，省购书之费，即未为医者，案头置此书以资参考，亦可得医学之常识，此三善也。"而宋大仁的序言，以西医评价中医古典医籍之选编更极客观，他说："曹先生之主编是书也，亦丛书性质耳；且非徒聚一家之言，实集各家之长之丛书也……兹书一旦问世，人人皆有获读秘籍之机会，必不似从前为少数人之私有物矣。不仅有沾溉学人之益，且维我国数千年医学文献于不坠也。"萧山谢诵穆称其"网罗古今医籍，去芜存菁，作一大规模的结集……其内容之研索，则评注、句读、校勘、考证，无一不具，是盖以汉学之方法而施之医学者"。推崇老一辈的辛勤劳动，并告诉读者该书编选整理的方式方法。

《中国医学大成》的编纂对中医事业作出了巨大的贡献。首先，整理保存了大量的中医经典秘籍。该书广搜博采秦汉至清末的海内孤本、珍本、钞本，殆有万余种，其所选之书，都是医籍中的精华。其次，完善了中医理论体系的系统连贯。曹炳章将其所选医籍分为13类，每一类之中均按朝代先后为序，每一种书之前有提要，以明此书的来历、内容要点。这样，尽管全书内容浩繁，但条理清晰，系统连贯，阅一书则遍览历代医论，窥一类则尽知各家学说，中医精论尽在此书之中。再次，普及推广了中医学术理论。当时中医学术低迷衰微，此书的出版无疑振奋了中医界。此外，对提高中医整体素质作出了贡献。凡治医者，非博览群书，无以阐明医术。医术不精，何谈着手成春？然而秦汉至今，医书逾万，即使毕生考校，犹恐不能，况且一般人所购医书，版本不良，校勘不精，错误百出，怎能精通医理？此书出版，上述问题迎刃而解。

曹炳章筹划再编续集365种，可惜《中国医学大成》出版到128种、500册左右时，“七七”卢沟桥事变爆发，接着“八一三”日军进犯上海，上海沦陷，书被迫停印，大东书局内迁重庆。1945年抗战胜利后，大东书局在上海复业，因经理沈骏声已在重庆病故，新任负责人无力重新出版这部医籍，且原稿在战乱中大部散佚，这部书也就夭折了。曹炳章对此殊为痛心，引为终身憾事。

曹炳章去世30年后，上海图书馆与湖南岳麓书社合作，由上海图书馆提供原大东书局排印本，岳麓书社拍摄后改为16开大本重印，于1990年10月出版，全书合成六大册。

随后，上海图书馆继续与岳麓书社、上海中医药大学合作，根据曹炳章当年编定的类目，以上海图书馆藏书为基础，中医药大学藏书为补充，继续整理、补充，先后出版了《中国医学大成》续编、三编。至此，《中国医学大成》共收入历代医药书籍 370 种，曹炳章生前辛勤劳动成果，才得以完整问世，其夙愿才付诸实现。曹炳章若地下有知，当含笑于九泉。

精研学术　著作等身

曹炳章一生辛勤笔耕，著书立说，努力提高中医药学术水平。据不完全统计，他所撰述、增订和加按的医药书籍有34种。其中有关药物考证的有：《人参考》、《桂枝考》、《琥珀考》、《沉香考》、《龙涎香考》、《白木耳考》、《哈士蟆考》、《燕窝考》、《冬虫夏草考》、《化龙骨考》、《犀角考》、《麝香考》、《鹿茸通考》、《蛇谱》、《真珠谱》；厘定药品及辨别药物的有：《增订伪药条辨》、《规定药品之商榷》；辨证施治方面的有11种：《瘟疹证治要略》、《秋温证治要略》、《喉痧证治要略》、《暑病证治要略》、《霍乱证治要略》、《时病膏丸说明书》、《杂症膏丸说明书》、《痰症膏丸说明书》、《妇婴膏丸说明书》、《肾病与肾气丸广义》、《怪病奇方》；医史方面的有：《增订历代名医传略补编》、《浙江名医传略》；预防卫生的有《家庭卫生饮食常识》；脏腑考证的有《三焦体用通考》；辨舌方面的有《辨舌指南》；此外有《曹氏医药论文集》。其校刊和选编的有：《潜斋医学丛书十四种》、《陆氏三世医验》、《先醒斋医学广笔记》，以及震撼当时国内医药界的《中国医学大成》等。这是曹炳章50多年苦心孤诣、奋发自雄的结晶。其中选编入《中国医学大成》的《曹氏医药论文集》4卷，“皆炳章历年研究医药学理，或长篇研究，或随案记录，不拘体例”的佳作。

除《中国医学大成》外，曹炳章的《辨舌指南》、《喉痧证治要略》等亦为传世佳作。

中医诊断以“四诊”为主，即“望、闻、问、切”，而观舌辨舌是望诊的重要内容，辨舌质、舌苔是中医诊断的重要手段和依据。《彩图辨舌指南》成书于1920年，初稿《辨舌新编》

在《绍兴医药学报》刊出后，广受好评。曹炳章自觉“辨之未详，心犹未惬”后又精心搜采增撰，易名为《彩图辨舌指南》。书中详细论述了舌的生理、辨舌内容及要领、诸家辨舌治病方法、舌病有效方药和古今辨舌医案等。该书汇集了中国的“古今名家医书一百五六十家，东、西洋近译医书三十余家，及各埠医报杂志三十余种”，全面地将中医与西医中有关舌诊的知识进行了整理与汇通，内容丰富，资料翔实，持论中肯，文笔朴实。同时结合他几十年的实践经验，使舌诊的基本理论与临床应用密切结合。

此外，书中引述了郭元峰《脉如》、马氏《医悟》、叶天士《温热论》等，虽非辨舌专书，但阐发舌象的机理极精，运用舌诊经验丰富，有独到之处。另引述了一些不常见的医籍，如梁特岩的《舌鉴辨正》、胡玉海的《察舌辨证法》、刘吉人的《察舌辨证心法》等，其中的精华部分几乎全部采录并发挥。曹炳章将古今名贤之论，去粗取精，统叙一堂，经过他精心编撰，层次先后有序，议论穿插恰当，内容详而不泛，使后学者开卷昭然。曹炳章对这些文献资料的保存、整理和发挥，无疑是对舌诊所作的一大贡献。书中所采医家哲言之多，亦可看出作者学识的渊博。当时西医界人士看了此书，无不惊叹中医对舌诊有如此的研究，争相购买，作为研究参考。

《彩图辨舌指南》图文并茂。曹炳章以 11 种色彩精绘成图 120 余幅，虽不如现在彩色摄影图谱真实细致，但在 20 世纪 20 年代的舌诊书中，已使人耳目一新。以往舌诊专著中的附图只是墨图，无法显示病舌的真色，初学者不易辨识。这些精心细致描摹的彩图，将各类舌质舌苔相印证，使后学一目了然。

《彩图辨舌指南》又是一部中西医汇通的力作，在列举了中西医各大家对舌苔作用的论述后，曹炳章总结说："西医重实迹，中医重气化。科学哲学，实事不同。唯辨舌苔，参西衷中，义理皆同，然西医不若中医之精且细也。"曹炳章认为，在中西医汇通的过程中，阴阳五行的"气化"与组织细胞的"实迹"，如同"科学哲学，实事不同"，因此相差甚远，难以撮合。但是，曹炳章终于寻找到了一个突破口——舌诊。中西医学在舌诊方面，有着类似的临床观察记录与认识。在指导临床治疗时，中医舌诊又具有优势。因此，曹炳章希望通过发挥两者的长处，以舌诊为开端，建立起一个中西医汇通的实例。《彩图辨舌指南》是曹炳章前半生的致力所在。纵观全书，体现了作者勤求博学、学古而不泥古、善补前贤之未备、好发古学之精微、深探医源、直穷奥妙的治学精神。

曹炳章撰述的瘟疹、秋温、喉痧、暑病、霍乱等五种《证治要略》及时病、杂症、痰症、妇婴等四种《膏丸说明》，体现了他在辨证后采用成药施治这一学术思想。这9种书里，大部分突出用成药辨证施治，内容少而精，简而明，是采用成药治病的临床手册，也是一般医生的普及读物。现举“痧胀霍乱”与“痰病”两例，以见曹炳章采用成药治病的活法圆机。

关于痧胀霍乱。曹炳章认为治疗时宜开关通窍，行气活血。然证有夹湿、夹食及伏暑、中寒的区别，因此治疗丸散中应分平性、凉性、热性，不能误投。平性药通治暑热湿秽、霍乱痧胀等症，如病人舌苔白或灰白灰黄，苔垢滑润都可以用。一切急痧及中恶中暑，猝然昏迷仆倒，牙关紧闭即用痧气开关散吹鼻，使患者打喷嚏，牙关即开；另外，此散用开水调服，即能吐去痰水，立刻苏醒。又如中恶触秽，暴厥闷痧，心腹急痛，宜用厥症返魂丹开水调灌。若中暑秽腹痛如绞，胸膈壅胀，用太乙紫金片为最妙。如霍乱初起未吐泻，或已吐泻、胸闷腹痛者，服辟瘟丹、纯阳正气丸都有效。若腹痛水泻，以藿香露吞太乙救苦丹4粒，泄泻立止。若湿遏热伏，阴阳反错，绞肠腹痛，或吐泻肢冷，身热痉挛，有内闭外脱之象，即服飞龙夺命丹，能开闭透伏。如暑秽湿热，霍乱泄泻，黄疸疟痢，但看舌苔白腻或灰黄相兼，邪在三焦气分，皆以甘露消毒丹主治。兼有食滞，则加楂曲平胃散更妙。

关于痰症。曹炳章认为："痰为病之标，非病之本也。善治者，治其所以生痰之源，则不消痰而痰自无矣。"他分析了痰的多种成因后，列八类证治：外感痰、气郁痰、食积痰、痨瘵痰、痰塞咽喉、痰迷清窍、痰积肠胃、痰窜膜络。按类列症，随症出方，挑选膏丹丸散中疗效好的逐一介绍，指点翔实，病家即使不懂医亦有所宗。此书名为《痰症要药说明》，其实可看作是曹炳章治痰症的心法。例如治外感痰中的"制半夏"、"制川贝"二方，从旧方、旧成药中发掘出新疗效。他定出前者治风寒水湿顽痰，后者治燥火郁痰，界限分明，药简而效溥。书中还收辑治气郁痰用清气化痰丸，痰郁用徐灵胎的润下丸、徐拱宸的久嗽除根膏等，都是药症相投的成药中的有效方。每方均有简要说明，撷方义之菁华，可以作痰症专辑阅读，容易记、容易用。从这几本书可看出曹炳章主张采用成药的学术思想。

《浙江名医传略》约 12 万字，书前有提要、作者自序和编辑凡例。该书原是曹炳章《中国医学大成》中的一种，惜因战乱而未能付梓。

浙江历代曾出现很多著名医家，他们为发展祖国医药事业作出了积极的贡献。但是他们的传记、事迹只散见于各地方志和其他文献资料，而没有一本著作系统地加以记述。曹炳章的《浙江名医传略》搜集和记述了自晋代至清代共 500 余医家的生平事迹，为研究浙江地方医学发展史，提供了比较系统、完整、有重要参考价值的资料。

曹炳章首先介绍了名医的成长道路，“以树我后辈作模范”。其次，介绍了名医的独特治疗经验，摘录了几位享有“特别雅号”的医家。如“方逍遥”，方鲁，字望山，清代名医。“其论医术，以理气为主。谓人之疾病，大率起于气滞，故处剂多主逍遥散，以加减之，恒有效，时人号为方逍遥。”“张熟地”，是张景岳的雅号。他认为，越人柔脆，而幼即戕削，熟地专补肾，用之辄取效。因为他治病喜用熟地，“越人呼为张熟地”。“严附子”，严观，明代名医。他不拘古方，用药颇有胆略。常用姜汁制附子。有人批评他“附子性热，当以童便制，奈何复益以姜?”严曰：“附子性大热而有毒，用之取其性悍而行药甚速，若制以童便则缓矣。缓则非其治也。今佐以生姜之辛，而去其毒，不尤见其妙乎?”因他用附子获奇效，人称之曰“严附子”。再次，保留了名医的一些至理名言。如关于治学态度：“医无常师，明理是师；师无常术，圆神为术。”关于辨证施治：“夫医学之要，莫先于明理，其次则在辨证，其次则在用药。理不明证于何辨，证不辨药于何用。”关于保健方面：明代上虞范应春以医鸣世。有人向他提问：“富贵中人，豢养安逸，然多疾病，时服药饵；窭人日劳筋骨，奔走衣食，而鲜病何也?”应春对曰：“户枢不蠹，流水不腐。”最后，记述名家之医德以启后学，指出“无恒德者，不可以作医”。这些警言均值得后世医家体会领悟。

1937年，曹炳章拟将生平所阅览的经史、说部、名人笔记、游记，以及各地报刊摘录之所获，参考动植物学、矿物学，结合个人心得，重修《本草纲目》。怎奈时局动荡，兼之诊务繁忙，完成如此宏大规模之巨著更非一花甲老人所能独胜。曹炳章深叹欲为难成，然又不忍心半途而废，无奈只得将其中珍贵而有特殊效能的药物，择要逐年写成“专考”发表。

曹炳章年逾古稀时，在诊治之余仍抱病撰写《三焦体用通考》、《肾病与肾病广义》等医学论著，其写作更精审邃密。暇时，常出示若干种药物考手稿，其考证的深广度，弟子们知所未知，闻所未闻。他以喜悦的心情告知弟子：未刊稿种，将由绍兴市卫生局转呈中央卫生部审定。

曹炳章一生撰述、编辑、校订、圈注、眉批的医药学著作总计竟有 413 种之多（不包括各医刊发表的论文），由此可以想见他付出的精力是何等的惊人！做学问成大事业者，登高望远，了解学问的概貌，瞰察路径，明确目标与方向，其过程孤独而寂寞。欲成大事业、大学问者，必须孜孜以求，辛勤劳动，废寝忘食，衣带渐宽终不悔。在几经迂回探索、千百次访求之后才发现：自己梦寐以求的结果，蓦然出现在眼前；研究和探索的过程虽然十分繁复，但结论却很简明。曹炳章以超乎常人的勤奋追求着人生的崇高境界。其人生之路，后学者深思，必多有启发。

增订评校　各擅其长

清末民初，绍兴医家享盛名而富于述作，兼致力于校勘前人医籍者，当推何廉臣与裘吉生。写作之精，何胜于裘；校勘之多，裘胜于何。而曹炳章则两者皆擅其长，无论在数量抑或质量方面，都是后来居上。曹炳章诊治之余无所嗜好，唯喜收藏、著述、校勘中国医药学文献。其藏书之富，治学之勤，撰作之精，编校之博，使人常怀“高山景行”之感。其对《医医病书》与《伪药条辨》的增订和加按，使之成为对当时医药学所存问题进行补偏纠弊的两部好书。

《医医病书》为清吴鞠通原著，系旧抄本，体例混乱，先后杂出。曹炳章从何廉臣处借抄，定其体例，次其先后，上下两卷，分为四编。《增订医医病书》包括《学医总论》、《病理各论》、《证治要论》和《用药统论》，共计 81 篇，其中 5 篇即《德以治身药以治病论》、《临症必先读书论》、《脉有可凭不可凭论》、《煎药法论》、《鲜药蒸露治宜论》为曹炳章新增篇目。每篇后都加以按语，或阐发原作未尽之意，或增补原作不完备之处。全书篇幅不多，且都是短篇，没有冗长繁琐感，而且通过曹炳章分编分类后，脉络清楚，每篇后的按语系集注体裁，引证互参，均能恰如其分地阐发原文原意，还订补了原作中不少漏洞。该书主要成就是“纠失”和“补疏”。

纠失。吴鞠通在《阳大阴小论》篇中引《内经》劳者温“之”，解释为“温者，长养和煦之气，故能复其痨也”。曹炳章订正为：“经言‘劳者温之’系劳倦之劳，非骨之蒸热也。”《溢饮水肿论》吴鞠通文意简晦，曹炳章按语说其“辨证欠明”，补出“阳水”、“阴水”、“风水”、“正水”、“石水”的脉证，及“气肿”、“水肿”、“风肿”、“瘀肿”等主要症状。《治内伤须辨阴阳三焦论》，吴氏仍主张“专翕膏补下焦之阴，奇经丸补下焦之阳，天根月窟膏阴阳并补”。曹炳章指出：“补下焦三方，用药浊腻腥秽。恐妨胃纳，亦为美中不足。”在《半夏论》中，吴鞠通认为：“近日肆中概用矾制，取其洁白好看，不适于用。”曹炳章补充：“矾制亦必有姜，即以半夏漂净，同生姜加矾少许合煮，名法制半夏。”《五谷论》吴鞠通原文拾古书糟粕，杂以想当然的说法，而五谷的作用仍未能阐明；曹炳章指出：“吴氏因天地气运以辨效用，其形能性质皆失讲求，就近世科学言之，恒多不合。”等等。

补疏。在《升阳散火论》中，吴鞠通认为：升阳散火不可理解，其法仅适用于燥金本寒标燥证。曹炳章首先补充：“升阳散火法创自李东垣，凡治阳陷入阴、热伏血分、但热不寒之症，确有特效。”并引《古今医案按选》虞花溪治案及王孟英按语作印证。接着指出：“发热有阳陷入阴者，有阳浮于外者。阳陷入阴者，其热自阴分达于阳分，必但热而不寒，夜则热甚，昼则热退，心胸热甚，肩背热微。脉伏而牢，舌兴绛，中心微苔。治用升阳散火法以升陷入阴分之阳邪，即‘火郁发之’之义。”这一补充，能使吴鞠通首肯，后人心明，最为精辟。在《头痛论》中曹炳章补出头痛的病机：“头痛因于外者，风寒暑湿之浸。发自内者，气血痰饮之郁。或蔽覆清阳，或瘀塞经络，与气相搏，则脉满而痛。”在《痿痹论》中，吴鞠通囿于某些古说，把二病混为一谈，且不得要领。曹炳章为之分析补充，特别在辨病与辨证方面，他总结为：“痿症不痛，痹症多痛。痿因正气纯虚，虽夹痰瘀湿热，不能与邪相拒，故不痛；痹因邪气成实，经络脉道被其所阻，所以作痛。

二者治疗绝不相同。”《便血论》，吴鞠通仅从“远血”、“近血”分症施治。曹炳章认为：“便血一症，外邪内伤皆能致病，非黄土汤、当归散所可统治。”他提出了“清解湿热”、“调和气血”、“热则清之，寒则温之，湿则化之，瘀则行之，妄则摄之，下陷举之”诸法。《白芍论》，吴鞠通仅从白芍的性味上推究，对效用尚欠发挥。曹炳章则点明芍药是“开泻之品”，对“脾受肝侮而泻者用之最宜”，并引邹润安“芍药开阴结，大黄开阳结，故肠中燥结则用承气，腹中满痛多用芍药”为证。

《增订伪药条辨》专论药物真伪优劣，是曹炳章在民国郑奋扬《伪药条辨》的基础上增补编写的一部集大成的鉴药专著，增补了历来本草所欠缺的辨析药物真伪优劣的内容，在药学史上有其重要位置。郑奋扬将《伪药条辨》寄给曹炳章，嘱为评注撰序以便刊行。可是原书门类未分，药品产地混乱，质量不齐，难免有遗漏。曹炳章遂将各药分门别类，条分缕析，分订四卷，在忠实原著的基础上，将自己的实践经验列于条下，以补其未逮。曹炳章在“序”中提出“常蓄医药革命之决心”。他突破传统的研究方法，对110种中药的产地、形态、气味、主治等作了真伪对比，为医药人员提供了识别伪劣药材的依据，受到全国医药界的重视。曹炳章的增订，使原书增色不少。

曹炳章增订前人之书，着意于加深加广，古为今用；为他人著作加按语则心细如发，目光如炬，从而使原著增色增辉。

曹炳章的著作最早整部印行的是他批校圈点的《陆氏三世医验》，1916年由上海会文堂书局出版。该书是明代医家陆养愚及其子肖愚、孙祖愚著述，曹炳章说：“实陆氏祖孙三世生平治验之疑难剧症案也。”验案详述病状、病因，辨证析理，细腻熨帖，在脉证从舍、救治药误及治法方药方面尤具特色。曹炳章对此书校勘精审，纠补错字、漏字，原文间或有没说清楚的地方，则加评按以阐发其用意之所在。评语虽不是每篇都有，但所有均极中肯。如卷二“疫症清热治验”：陈某患发热，两太阳痛，左胁作疼，口渴便泻。陆氏诊便泻为“表气不舒，里气不固”。曹炳章从其医案中使用白虎汤合解肌汤治疗评为：“肺移热于大肠，非里气不固也。”再如卷三“实热误补增剧治验”：原案中有“面赤戴阳”，曹炳章评为“面赤是胃火上炎，非戴阳症”。这些愈探愈明的评按，的确耐人寻味，启人智慧。卷五“白浊误补”、“血瘀咽嗌”两案的评语，曹炳章引用王孟英论述“湿忌大汗”一案的按语及沈舟平论述，则是撷前人有关这一症情的议论，互相参证，既有所阐发，更曲畅旁通，在评按之中别具风格。

俗话说：“无错不成书。”由于历代辗转抄写或刊刻的误失，古书中几乎没有不出错讹的。曹炳章像其他有能力的藏书家一样，自觉、欣然地担当起校书纠误的职责。他以自家藏书为校勘对象，长年累月地进行着这项无休无止的、乏味的工作，这便是精神的力量所在。正是对典籍负责、对子孙负责的高度的使命感，支撑着他像无数的藏书家一样，默默无闻地于陈编烂简中，从事着这种为他人作嫁衣裳的苦差事，并乐此不疲，老死无悔。其精校出的善本、流传至今的历代典籍，字里行间无不浸透他的心血。

曹炳章评校医书，成功因素主要有两点：一是聚精会神，对每个医案的症因脉治和理法方药相互参证，从不掉以轻心；二是博览群书，善于分析，能使书为我用，而不是我为书用。具备这两点，正如有人赞温病四大家之一王孟英之言："双眼自将秋水洗，一生不受古人欺。"这样评校工作就做到家了。加之曹炳章记忆力好，类同或相关的文献，均能在脑子里联翩回翔，一索即得，以甲证乙，以此印彼，所以不论评语或按语，都能切中原书的长短处。

曹炳章所辑的《邵氏医案》共4卷207则。邵兰荪是著名的临床家，医术高超，辨证精细，但每日忙于诊务，无暇著作，去世后无片纸流传。邵兰荪谢世后，曾有人出一元大洋求购他所开的一张处方。曹炳章恐其医学失传，便向绍兴城乡曾被邵氏治愈的病家征求留存的方案，前后耗时十余年，才得以编纂成册。案中有病起、初诊、复诊，以及处方的加减化裁，对辨证施治、理法方药均做了较为详细的记录，对后学者具有指导和借鉴作用，可谓弥足珍贵。由此亦可见，曹炳章作为收藏家，对中医学的贡献之大。

精内妇儿　尤擅喉症

曹炳章精内、妇、儿科，尤擅治喉症，是民国时期闻名全国的“绍派伤寒”的重要代表人物，在温热学说中独树一帜。

民国时期，伤寒大致分三派：注疏派、通俗派、伤寒温病派。通俗派即“绍派伤寒”以擅治热病、辨证重湿、施治主化、立法稳健多变等特色著称于杏林。虽同治热病，但其辨证纲领及论治内容与吴门温病学派迥然不同，而又与一般仲景学派相异，自成一体。基于绍兴的地理、气候、民风习俗等多种因素，感时邪而发病者，常有温、暑、湿、寒的不同，绍兴医家统称之为“伤寒”，但又分别按临床见症称为“漏底伤寒”、“夹胀伤寒”、“夹痛伤寒”、“大伤寒”、“小伤寒”、“脱脚伤寒”、“暑湿伤寒”、“湿温伤寒”等等，这也正是绍兴医家“通俗”之处。俞根初澄清“温邪”、“寒邪”之说，首创绍派伤寒。之后有任沨波、何秀山、章虚谷、何廉臣、胡宝书、傅嬾园、曹炳章、裘吉生等名家，分别从理论到临床加以扩充，使“绍派伤寒”渐臻完善。

曹炳章年轻时问业于“绍派伤寒”大家何廉臣。何廉臣一生大都在绍兴行医，故治浜海湿地之时病尤为专长，对湿温治疗、用药方法独具一格，汇通伤寒、温病之说，在诊疗上对温病，特别是伏气温病有独到见解。曹炳章好学，何廉臣“尽传其几十年博大精深之学业”。曹炳章还经常求教于王馥源、邵兰荪诸前辈，并钻研叶、薛、吴、王四家温病治法，由此他于岐黄妙义，尽窥其奥，根底极为雄厚，学术益精，声誉日隆。

暑湿病是南方地区的常见病、多发病。绍

兴河湖纵横交错，人们喜吃鱼虾螺蚝等多湿阴柔之品，加上夏天贪饮生冷冻品，乃至脾胃损伤，湿浊内生。加上该地区多雨，湿度大，气温又高，天暑下逼，地湿上蒸，每易合邪为患，故暑湿病者数量多，病症重。正如曹炳章所说："病之繁而且苛者，莫如夏月暑湿为最甚。"暑湿病的发生，内因为人体元气不充，水湿内停，暑湿病邪乘虚侵袭。外因是暑湿病邪，其性既含暑热酷烈之气，又有湿热腻滞伤脾之性，合为一体，当人体正气不足时，则易内袭而致病，使其病既繁且重。故曹炳章说："人在此气交中，受其炎蒸，元气强者，三焦精气足，或可抗御；元气虚者，三焦精气不足，无隙可避。"

曹炳章一生治愈暑湿病无数，如孙伯雄幼子暑湿案。

1923 年九月初三，曹炳章出诊孙伯雄宅，见一位 19 岁瘦弱青年昏卧床上，干呕，发高烧，神志不清，嘴里不停地说着胡话。细看，只见他嘴唇焦黑，舌头绛色，短而硬，舌苔焦黑无津液，口腔亦极为干燥。他双手下意识地摸衣服、摸被子、摸床沿，还时不时在空中乱抓，双目通红，不时地要起床。白天泻大便五六次，夜里泻八九次，或如涎沫，或兼颗粒。小便不畅，尿时烫而痛。危重之象尽显。孙伯雄说，其子八月初三在杭州患伏暑，即延请杭州诸位大医诊治，却不见成效。无奈，八月十五舟车劳顿回到绍兴，又延请绍兴多位名医治疗，仍无起色。自廿五六日起，其子嘴唇焦黑干燥，舌绛燥干硬，大便日夜泻十余次，小便量少色红，一滴滴地尿，十分疼痛。到现在诸医束手，都说没治了，经友人举荐请到曹医师，务请救其爱子一命。孙夫人在旁频频颔首，泪流满面。曹炳章细细观察，发现患者情绪敏感，肝火甚旺，属神经质体质。中医认为，肝主谋虑，这种体质的人极易肝阳上亢。而前医用药，或化湿利水或消导攻克，均导致患者邪火日甚，津液一天天被邪火烤干。肝阳上亢亦夹邪火上腾，故病势不见减轻反更加重。曹炳章认为，肝阳与生命之火同处背脊之中，升则同升，藏则同藏。肝阳上亢则生命之火随之上升，便不能在五脏中正常运行。脾无此火，不能正常消化，故导致泄泻；膀胱无此火，不能化气，故而小便量少，所喝的药水都径直进入大肠，从而加重泄泻，这就是导致病危的原因。由此曹炳章决定：先镇纳肝阳，滋液生津，兼清邪热息风，佐以芩、连坚阴，这样生命之火便会仍然潜伏命门，进而在五脏中正常运行，于是脾胃、膀胱就能够正常工作，则泄泻能止。随着肝阳上逆的生命之火下潜之后，上焦自会清明，心脑不再被蒙蔽，则神志亦能清醒明白。由于病情危重，勉强拟此法或许能有一线转机。曹炳章既看到病，更看到病人体质特点这个根本，而这正是中医辨证施治的核心，也是曹炳章对中医理论理解的过人之处。

次日复诊，患者干呕、双手乱抓乱摸的症状已没有了，泄泻减到四次，热度略减，胡话也少了。只是舌绛，仍干硬而短，但败象已减了一半，似乎有转机。这说明诊治思路正确，再当镇肝育阴，滋液息风。

初七五诊时，患者睡眠时间长了，舌红渐淡，只是咳嗽黏痰不爽，兼咯血、出鼻血。所出之血都是紫红色块状，家属颇忧虑。曹炳章却说这是好兆头。因火平热退，气血渐行常道，上焦热瘀之血不能归入经隧，而逼之上溢而为咯血、鼻血。下一步宜降气清血热，通络化瘀。

十一日八诊。患者昨夜十点钟忽然烦躁胸闷，卧不安而睡不着，不一会儿发出白色疹子，从胸口到腹部密密麻麻，摸上去刺手。发疹子后，烦热就退了，胸部、腹部、周身较前舒畅许多。睡了一长觉，又大便一次，便色黑夹红。本已松了一口气的孙家人再次忧心忡忡。曹炳章却面露喜色，告诉病家：发出疹子，说明阳气已经上升，因为只有气津血液充足了，才能送达重出肤表，表现为疹子。大便黑红，这是身体内聚积的污垢全部从大便排出。这些都属于余热肃清的佳兆，不用担忧。患者潮热尚未尽退，虽仍咳嗽，痰已爽吐，津液渐充。只是疹子虽然出透，而卫分津液亦致虚，再当益胃滋液，扶元养阴，为其补助。

十三日九诊。患者便下血紫红成块，腹痛。家属又有些心神不安。曹炳章说：此属下焦蓄血，挟肠间积热旧时污垢，由大便排泄而出，这也是肃清三焦的佳征。再当凉血清肠热为治。

十七日十二诊时，脉已和缓，舌转淡红，咳嗽少了，大便黄色，语声爽亮，胃纳渐动，病候已除。只是元气尚未恢复。

廿九日及十月初一，患者喝粥已不解饿，能吃软食，能下地走几步了。

十月初一十六诊，脉舌均平，面有神采，语声爽亮，胃口好，总想吃东西，只是身体仍无力。曹炳章叮嘱少食多餐。

初八、初九，患者胃口大开，比没病前吃得还多，越来越精神，走路也和病前一样了。

初十，患者面黄已褪，白而肥满，手臂亦生肉，肌肤自落屑后，亦红润白嫩如常，病容脱除，已复原状。又服5剂药，患者完全康复。看到奄奄一息的儿子又生龙活虎，家人喜不自禁，连谢再造之恩。

患者前后17诊，每诊曹炳章都有详细记录，他说："按此证本属夏秋常有之病，且无留案之必要，然此君素体怯弱，其病由轻而重，由重而入危险之途，经余治疗一个月，方脱离危险，而至恢复健康，其中经过许多变化。且能方方得力，步步见效，全案一方不缺，一手奏功，一切调养，亦能唯余命是从。病家有此诚心，医家负责设法，而能收此效果，故余谓此案不独为临床之实录，亦可为治斯病之殷鉴耳。故敢录之。"

曹炳章博采众长，师古不泥，常说：“古人随证以立方，非立方以待病”、“只有板方，没有板病”，而“医之治病，虽有成法规矩，成法之中，尤寓变化之巧。规矩之法有尽，而用法变化无穷也”，则是说要知常达变，圆机活法。他临床用药主张加减变通，遇疑难危病，往往独具慧眼，或补或泻，进退自如，每收桴鼓之效。

曹炳章对待病人，不但热情体贴，且诊断细致，认真负责。如一“厥证”患者，突然昏倒，不省人事，瞪着双眼，紧咬牙关，身体僵直，三天不吃不喝，危在旦夕。在众多医生束手无策的情况下，曹炳章精心诊察辨证，断为“痰迷心窍之痰厥”。先以乌梅擦开牙关，继而调好导痰开关散往嘴里灌，导出喉中浓痰四五条，后来患者自己吐出像胶那么黏稠的浓痰近一碗，猛然起坐，知道饿，喝了粥，后给予清热导痰治疗而痊愈。

再如一妇女，发高烧，神志昏迷说胡话，手脚抽搐。群医作热入血室治疗，无效。曹炳章详细询问病情，细察脉状，认为本病确属热入血室，众医无效是由于不了解血瘀胞门之故。于是用桃仁承气加地鳖虫、蜣螂、两头尖及清热息风之品。患者只吃了一剂药，就排出一个大血块及酱色的积便三四次，马上就不抽了，烧退了，神志也清醒了。于是继续退热养阴得以痊愈。

儿科如：杨姓小儿，三四岁时口齿伶俐，一场大病后，不知服错何药，六七岁了仍不能说话，似哑非哑，似聋非聋。曹炳章认为，这一病症之前因是痰热之症，必有顽痰毒涎凝结于会厌软骨和通声门喉头的路上，于是声带松弛，不能发出声音，所以现在好像哑了聋了。如果口服汤剂丹丸，下咽即入胃肠，而对于喉头会厌患病之处，必然毫无效果。因此选用嚼含缓咽的药，使药汁长时间滞留在病灶之处，希望引吐其顽痰毒涎，或由上从口吐出，或由下从便排泄，更为稳妥。该法果然奏效。

吴姓小儿周岁时忽患耳病，常流脓血，中西医治疗多次，总不能除根，常复发。后因眼泪流进耳内再次复发，已经半年了，尚未痊愈。曹炳章认为，肾开窍于耳，胆脉亦附于耳，本虚失聪，治在于肾；邪干窍闭，聤耳流脓，治在于胆，此定例也。估计前医只治耳脓，不清胆热，以致此病缠绵不已。曹炳章拟清胆方内服，吹搽法外用，患儿未再复发。

曹炳章尤擅治喉症。白喉及烂喉痧（痧喉、猩红热）是危害人体健康的主要喉科传染病。历史上有文字记载的大流行即有4次，加上零散流行达数十次之多，曾夺去百万人的生命。曹炳章总结数十年治疗喉症的经验，于1936年出版《喉痧证治要略》，对白喉、痧喉两大疾病，从病因、病状、病理、诊断、鉴别诊断、治疗六大方面，进行了全面介绍，并加以比较，条分缕析，一目了然。由于曹炳章临床经验丰富，其治法总结得尤为详尽，分内服汤药法与外治手术法，还介绍了西医的血清抗体疗法。在预防医学方面，曹炳章总结了前人的预防措施，专门撰写《喉痧与白喉之预防》一文，从医生预防、未病预防、临病预防三方面罗致了数十条预防方法。如“医家看病，饮雄黄酒，香油调雄黄末、苍术末涂鼻孔，得嚏更妙”，“未病之家宜用祛疫散烧烟熏之”，“喉痧病人不可使之入境”等，都是实用的预防手段。

热心公益　爱国济民

清末民初，绍兴各界有识之士盛行捐资筹办各种慈善事业，其中不乏医药一项，如地方慈善团体同善药局、同义药局附设施医所。曹炳章对这些慈善机构积极支持，或参与筹建，或进行义诊，施医施药，惠及贫民。药局每年施诊数万人，凭医生处方去药柜配药，不取任何费用，还为小儿施种牛痘。曹炳章在同善、同义药局进行义诊近20年。

曹炳章对病人亲如家人。中年以后，虽已大名鼎鼎，但他从不摆架子或急富慢贫，对应诊病人一视同仁。医生出诊坐轿是当时的通习，否则被人看作“脚头轻”而遭鄙视。在这种世俗偏见影响下，有些医生本领不大却架子不小。

曹炳章能独善其身，遇到贫苦病家来请出诊，无论是风雪交加，还是骄阳似火，他总是徒步随行，为患者节省车马钱，有时连号金也不收。见特困病急者，不但免去诊费，且常代付药资。他的诊例牌上写有“贫病不计”一条。曹炳章以医济民，安贫乐道，不为身谋，厚德薄利，唯为病家着想的高尚医德，迄今在绍兴仍有口皆碑。

1913 年，曹炳章 36 岁时获得热心于故乡医药公益事业的蔡元培的赞助，以及何廉臣和几位绅商的投资，在绍兴创设了“和济药局”。药局经销各地中药，并制丸散膏丹及各种药酒出售。药局坐落在市中心县西桥脚南首台门，店内附设门诊部。曹炳章每天上午应诊，下午著书立说。为了整顿中药市场，振兴中医事业，造福病家，他编印了《和济药学卫生报》及《膏丸说明书》，每逢朔望，定期出版，作为非卖品分送各界民众及同业人员。他这种为中药效能立标准、为病家谋幸福的做法，颇受社会各界欢迎。由于他揭露了药行和药店的不良行为，如偷工减料、以伪充真等，有些人认为侵害了他们的利益，故强烈反对，甚至有少数人还妄图谋害他。在“和济药局”投资人的一再劝导下，《和济药学卫生报》只发行了10期，便被迫停刊。

1929年2月，南京国民政府卫生部第一届中央卫生委员会通过了《废止旧医以扫除医事卫生之障碍案》，内容包括停止中医登记、禁止中医开设学校、禁止中医宣传等。该提案激起了全国中医界的极大愤慨，各地中医界人士纷纷以各种形式表示抗议。绍兴推选何廉臣（因身体欠佳由其子代行）、曹炳章与杭州的裘吉生、汤士彦，湖州的宋鞠舫、张禹九，宁波的王宇高、吴涵秋组成了“救亡请愿团”，赴沪参加全国中医药团体总联合会的抗议活动，呼吁与联络全国中医界人士，并参加了当年3月17

日在上海召开的全国中医药团体代表大会。大会的会场上悬挂着“提倡中医以防文化侵略”、“提倡中药以防经济侵略”等巨幅标语，与会者高呼“反对废除中医”、“中国医药万岁”等口号。大会成立了“全国医药团体总联合会”，组成赴南京请愿团，要求政府立即取消提案。社会公众舆论也支持中医界，提出了“取缔中医药就是致病民于死命”、“反对卫生部取缔中医的决议案”等声援口号。曹炳章回绍后，广泛向绍兴中医药界人士传达大会的情况，召开中医界联合会，号召药业商业劳资双方合组宣传大会，响应“全国医药总联”对南京当局展开斗争。曹炳章一再要求医药界同仁紧密团结，坚持斗争，赢得了中医药界的信任。全国中医界的奋力抗争，终于迫使当局收回成命，中医免遭灭顶之灾。这次斗争的胜利在中医界人士心中留下了难以磨灭的印记。

1931 年，南京国民政府行政院以中央国术馆为例，设立了中央国医馆。曹炳章因学识渊博、著述宏丰而作为浙江省的代表，赴南京参加“中央国医馆”成立大会，并被推选为名誉理事。1933 年，中央国医馆委任曹炳章为浙江省国医分馆董事，协助筹设省分馆。是年 7 月，浙江省分馆正式成立，曹炳章代表绍兴县中医公会赴杭参加典礼。他亲拟祝辞：“维国医馆成立兮，能开来而继往。集众思以广益兮，免生灵之夭枉。作砥柱于中流兮，得薪传之远绍。竭同仁之祈慕兮，靡不馨香而颂祷。”

曹炳章从 1931 年起担任神州医药会绍兴分会绍兴县中医公会主任委员、国药业同业公会执行委员。他多年一再当选，连任 10 年之久。尽管这些工作都是义务的，并无薪金，但他仍十分认真。1936 年 3 月，其高堂老母在宁波病逝。曹炳章 14 岁就离开母亲外出谋生，一直未能在母亲面前尽孝。对于母亲的病逝他悲痛万分，急忙回去奔丧。在他回去奔丧的第四天，绍兴中医公会要开全体大会，大家都认为他不会出席了，孰料他匆匆赶回，身着麻衣素服主持大会，会后又返回宁波继续守孝。会员们被他这种公而忘私、尽职负责的精神所感动。此外，团体与团体之间的联络活动和友谊交往，他也亲自参加，义不容辞。

曹炳章生性耿直，有强烈的民族自尊心。清末民初，大量鸦片涌入我国，当曹炳章耳闻目睹了因吸鸦片或败家、或苟延残喘、或丧命、国贫民弱的情形后，他不忍坐视，遂研究编述了《鸦片瘾戒除法》。该法对戒除烟瘾、救治吸毒者收到了一定效果。1903 年、1919 年绍兴发生了两次霍乱大流行。在疾病流行期间，曹炳章不顾个人安危，冒着被传染的危险，积极参与救治，并撰写科普文章，宣传卫生知识，提高人们对霍乱防治的认识。如 1903 年他撰写了《霍乱急救法》一文，并刊行分发。1919 年他的《霍乱寒热辨证》发表于《越铎日报》，一些慈善人士将其刊印万余份，在杭州与绍兴等地分发。其对普及防治霍乱知识，控制霍乱蔓延，起到了一定作用。为了防止食物中毒事件的发生，1940年，曹炳章撰写了《家庭卫生饮食常识》，向大众普及有关食物中毒的预防以及解救方法，其救国救民之心可见一斑。

1905年，日本的“仁丹”一药问世后一路畅销，占据了中国市场。1907年，上海总商会通电全国，号召开展抵制日货的爱国运动。电文一经发出，一呼百应，各地商家纷纷拒绝日货，日货在中国遭到了灭顶之灾。然而，“仁丹”仍然占据着中国市场。为了抵制仁丹，振兴国药，北平长春堂药店研制出“太上避瘟散”，与日货相抗衡。中医出身的上海商人黄楚九研制出新的方剂，取名为“人丹”，为此招致诉讼，耗资十万总算赢了官司，给中国人出了一口恶气。面对外来者的武力、经济、文化入侵，无数爱国志士在感到耻辱、痛心的同时，不约而同地奋起抗击，曹炳章亦然。他翻阅了大量医药资料，结合自己多年经验，精心研制了一种丸药，命名为“雪耻灵丹”，意为中华民族洗辱雪耻。该药投放市场后，因药效高于日货“仁丹”，且价格更便宜，故深受民众欢迎，人们争相购买。“雪耻灵丹”是曹炳章发扬民族精神的一面旗帜。

曹炳章不以疆域自限，与泰国、新加坡、日本、缅甸、马来西亚、菲律宾、越南等国的中医同道交流学术，并接受函询会诊、析疑解难，为他们解决各种疑难杂症，先后被这些国家的中医师公会、中医药刊物聘为名誉理事、名誉编辑和特约撰述员。不同国籍的中医同道也纷纷来信请他答疑解惑。曹炳章有问必答，有求必应，把与邻国同道的友好交往，看作是自己的义务和应尽的责任。

曹炳章的谦逊好学、博闻广识和出色的工作，赢得了民众与同道的赞誉。他先后收到来自海内外的表扬信函百余件，各中医团体的表彰十数起。如泰国中医师公会给他的誉辞是“医林泰斗”，马来西亚中医公会的赞语是“医界学术巨匠”，新加坡中医师公会的嘉词是“曹炳章先生医学深邃，自任本会撰述员以来，撰述医论，提倡学风，成绩卓著……”，这些都是对曹炳章医术、学术的中肯评价。

曹炳章医术高超，屡起沉疴，深孚众望。近邻四方患者纷纷赶来就诊；远方求医者来函索方，海外问病求方者也日有数件。对此，曹炳章将其视为己任，每天必从诊务、著述两忙中抽暇为他们服务。

中华人民共和国成立后，曹炳章被特邀为绍兴市各界人民代表会议协商委员会代表。他看到政府如此尊重老中医，对中医药宝贵传统极为重视，并落实了一系列中医政策，深受鼓舞。他虽因长年伏案，久视蝇头细字，兼之用脑过度而致耳聋眼花，但仍继续著述、校注，孜孜不倦。

曹炳章坐拥书城，爱书如命，但又视“书物为天下公器”。1952年，曹炳章75岁时，与上海华东军政委员会卫生部联系，愿捐献他所有藏书。华东军政委员会卫生部派专人到绍兴面谈，对他的爱国义举十分赞赏，认为他一介寒士，毕生积蓄尽在藏书，一世精神尽在著述，除对他恳切慰问外，特奖励人民币1700万元（折今1700元）。曹炳章感激辞谢，经再三坚劝，方允照收。华东军政委员会卫生部和浙江、绍兴地方政府表扬了曹炳章的爱国义举。曹炳章将部分著作手稿呈献给了中医研究院（现中国中医科学院）。

1955年，曹炳章虽年事已高，体力不济，然仍壮心不已。他曾说：“此后如精力许可，当一识途老马，为后起者指出整理祖国医学之途径。一息尚存，此志不敢稍懈也。”

1956年，曹炳章的身体越发不济，初春重发感冒，引起其他内病复发。浙江省卫生厅聘请他为中医顾问。3月初聘书到绍时，曹炳章已病危，看到聘书，点头微笑。3月5日，曹炳章与世长辞。

曹炳章一生尽瘁医事，犹如春蚕吐丝，为继承和发扬祖国医药事业耗尽了心血。他因家境贫寒，没有经过正规院校培训，但其成就却是惊人的。梅花香自苦寒来，他毕生与书为伍，坚持不懈地努力自学，才取得了卓越的成就。“终生医药，生死书丛”是他对自己一生最好的概括。

（撰稿人　刘南燕）

《中华中医昆仑》丛书150位医家名录

（按生年排序）

张锡纯	丁甘仁	萧龙友	王朴诚	恽铁樵
曹炳章	冉雪峰	谢　观	施今墨	汪逢春
孔伯华	黄竹斋	吴佩衡	蒲辅周	陈邦贤
李翰卿	李斯炽	姚国美	陆渊雷	张泽生
时逸人	张梦侬	叶橘泉	王聘贤	陈慎吾
邹云翔	赵炳南	承淡安	余无言	刘惠民
岳美中	沈仲圭	秦伯未	赵锡武	韦文贵
程门雪	黄文东	赵心波	董廷瑶	吴考槃
章次公	石筱山	陆南山	张赞臣	李聪甫
刘绍武	陈存仁	朱仁康	陆瘦燕	姜春华
韩百灵	高仲山	李克绍	王鹏飞	刘春圃
金寿山	哈荔田	何世英	周凤梧	干祖望
关幼波	王为兰	任应秋	罗元恺	祝谌予
杨医亚	郭士魁	何时希	耿鉴庭	俞慎初

裘沛然	顾伯华	江育仁	邓铁涛	门纯德
刘渡舟	尚天裕	朱良春	李玉奇	程士德
尚志钧	赵绍琴	董建华	米伯让	李辅仁
张珍玉	班秀文	颜正华	于己百	颜德馨
路志正	方药中	王乐匋	黄星垣	谢海洲
余桂清	何　任	王子瑜	程莘农	陈彤云
焦树德	张作舟	张　琪	李寿山	张镜人
王绵之	方和谦	印会河	王玉川	蔡小荪
李振华	马继兴	王嘉麟	宋祚民	刘弼臣
王雪苔	刘志明	吴咸中	李今庸	任继学
裴学义	王宝恩	周霭祥	贺普仁	唐由之
赵冠英	许润三	金世元	陆广莘	刘柏龄
徐景藩	吉良晨	吴定寰	沈自尹	王孝涛
张灿玾	周仲瑛	强巴赤列	张代钊	李经纬
郭维淮	柴松岩	苏荣扎布	陈可冀	李济仁
夏桂成	郭子光	巴黑·玉素甫	张学文	陈介甫